新版 實用視聽華語
學生作業簿

PRACTICAL AUDIO-VISUAL
CHINESE
STUDENT'S WORKBOOK
2ND EDITION

5

主　編　者◆國立臺灣師範大學
編輯委員◆張仲敏・陳瑩漣・韓英華・錢進明
策　劃　者◆教育部

目錄

第 一 課	因小失大	1
第 二 課	春節	3
第 三 課	活到老學到老	5
第 四 課	不經一事不長一智	7
第 五 課	世界運動會	11
第 六 課	休閒活動的新趨勢	13
第 七 課	拒吸二手菸	15
第 八 課	單親家庭	17
第 九 課	青壯年的生活觀	19
第 十 課	人人都是環保尖兵	21
第十一課	強化體質	23
第十二課	談素食	27
第十三課	電子字典	29
第十四課	消費市場的新客	31
第十五課	新潮與保守	33
第十六課	李天祿的掌中戲和茶藝	35
第十七課	十二生肖	37
第十八課	我寫「乾」你寫「干」	39
第十九課	人滿為患	41
第二十課	救濟與自立	43

第一課　因小失大

一、生詞填空

Use the following new vocabulary to fill in the blanks.

賠罪　貪　索取　窮　連續　住宅　瑕疵　保證書

1. 要考試了，就好好地準備，_____緊張有什麼用？
2. 這兒的_____區和商業區沒有嚴格分開，所以看來有點亂。
3. 火車時刻表是免費的，旅客可以跟服務台_____。
4. 仿冒品的出現，是商人利用顧客愛_____小便宜的心理。
5. 這件精美的玉器，找不出一點_____。
6. 這段路因為_____發生了幾次車禍，所以另外開了一條新路。
7. 要是你得罪了朋友，最好趕緊向他_____。
8. 別忘了收好這份光碟機的_____，如果一年之內壞了，本店可以免費為你服務。

二、語氣詞填空

Use the following particle to fill in the blanks.

嗎　呢　嘛　呀　吧　噢　啦　哎呀

1. 好_____！我以後再也不敢抱怨了。
2. 你還想騙我_____！我早就知道這是仿冒品。
3. 錶故障了就快點兒送到錶店去修理_____！
4. _____！誰把這些盤子都摔碎了？
5. 因為買盜版的軟體而帶來電腦病毒，不是得不償失_____！
6. _____！對了，我忘了索取統一發票。
7. 這麼晚了，不要隨便按喇叭_____！
8. 我們去唱片行買最新的歌星專輯_____！

三、造句

Make sentences.

1. 連續
2. 差別
3. 何況
4. ……就算了，何必還……
5. ……只不過……而已

四、作文

Composition.

　　如果你的朋友有「沒耐心」、「愛佔便宜」、或「亂停車」其中一個缺點，你要怎麼樣勸告對方？請寫一篇短文。

第二課　春節

一、找相關的字句

Connect the words or phrases with related meanings.

1. 正月　　　　　　　a. 歲歲平安
2. 臘月　　　　　　　b. 水餃
3. 除夕　　　　　　　c. 陰曆第一個月
4. 祭灶神　　　　　　d. 燈節
5. 聖誕節　　　　　　e. 向長輩拜年後才給
6. 年夜飯　　　　　　f. 陰曆第十二個月
7. 吉利話　　　　　　g. 團圓飯
8. 元宵節　　　　　　h. 臘月二十三
9. 元寶　　　　　　　i. 陽曆十二月二十五
10. 壓歲錢　　　　　　j. 守歲

二、問答

Answer the following questions.

1. 為什麼中國人的陰曆年叫「春節」？
2. 為什麼灶神升天的日子也叫小過年？
3. 除夕日，大家忙著什麼？
4. 正月初一大家都做些什麼？
5. 春節歡樂的高潮是甚麼時候，為什麼那麼熱鬧？

三、燈謎猜一猜

Guess the meanings of the following riddles.

1. 兩人土上立　　　　　　　　　　　　　　猜一字
2. 十月十日　　　　　　　　　　　　　　　猜一字
3. 十八子　　　　　　　　　　　　　　　　猜一字
4. 月月為伴　　　　　　　　　　　　　　　猜一字
5. 一家有三口，種了一畝田，還有一隻狗。　猜一字
6. 不上不下　　　　　　　　　　　　　　　猜一字
7. 十五日（半月）　　　　　　　　　　　　猜一字

四、作文

Composition.

題目：「過新年」或「過聖誕節」

第三課　活到老學到老

一、生詞填空

Use the following new vocabulary to fill in the blanks.

鬥志　得心應手　榜樣　形形色色　負面　設計　階段　吸收

1. 人生有各種不同的_____，都會遇到一些問題。
2. 紙_____水分的能力比木頭強很多。
3. 他爸爸常常喝酒，喝醉了就打人，對兒女是一種_____的教育。
4. 行為非常好，值得讓人學習的叫_____。
5. 做事如意、熟練的成語是_____。
6. 植物園裡有_____的花草樹木。
7. 有些人一遇到失敗，就沒有_____了。
8. 我家三樓陽台上空空的，你能幫我_____一個空中花園嗎？

二、分辨

Differentiate the two items.

1. 段　假

    一般學校的暑_____都相當長。

    哪個教育階_____對人的影響最大？

2. 榜　旁

父母的言行都是兒女的_____樣。

馬路兩_____種滿了行道樹。

3. 志　誌

表現不好的人也別失望，要保持鬥_____。

開車的人最好看清交通標_____。

4. 績　積

他的工作成_____在公司裡是最好的。

期末考到了，學生都在_____極準備考試。

5. 斷　繼

回國後你要_____續學中文嗎？

不_____地學習，可以充實自己，提升自己。

三、造句

Make sentences.

1. 來源：
2. 尊重：
3. 充實：
4. ……以為……，其實……
5. ……如何……，才能……

四、作文

Composition.

題目：我學習中文的計畫

第四課　不經一事不長一智

一、配合題

Select the word or phrase with the same meaning.

1. 不經一事不長一智　　　a. 白費力氣
2. 頓時　　　　　　　　　b. 媒人
3. 焦急萬分　　　　　　　c. 不見了
4. 徒勞無功　　　　　　　d. 小偷
5. 不翼而飛　　　　　　　e. 馬上
6. 月下老人　　　　　　　f. 難過
7. 竊賊　　　　　　　　　g. 非常著急
8. 辛酸　　　　　　　　　h. 上一次當學一次乖

二、分辨

Differentiate the two items.

1. 洲　州

    亞_____的風光跟歐_____一樣美麗。

    美國一共有多少_____？

2. 護　歡

    偶像歌星受到年輕人的_____迎。

    父母都愛_____自己的兒女。

3. 湧　勇

　　她哭了，淚水不斷地_____出來。

　　_____敢的消防隊員進入火場救人。

4. 晴　睛

　　太陽出來了，天氣已經轉_____。

　　小女孩的眼_____又大又亮。

5. 團　圓

　　畫_____的工具叫什麼呢？

　　我參加了一個合唱_____。

6. 旅　旋

　　有些舞蹈必須不停地_____轉。

　　阿里山是台灣有名的_____遊勝地。

7. 案　按

　　_____照他的說法，人人都應該學電腦。

　　警察對這個竊盜_____很頭痛。

8. 季　李

　　一年有春夏秋冬四_____。

　　行_____太重上不了飛機。

三、造句

Make sentences.

1. 存款
2. 補辦
3. 推測
4. 焦急
5. 露天

四、作文
Composition.

題目：我嚮往的地方

第五課　世界運動會

一、選擇相似的詞語

Select the word or phase with the same meaning.

____1. 儀式　a. 典禮　b. 禮貌　c. 式樣
____2. 矚目　a. 眼光　b. 小心　c. 注意
____3. 消弭　a. 消除　b. 消息　c. 迷失
____4. 畢生　a. 生活　b. 畢業　c. 終身
____5. 空前的　a. 以後沒有的　b. 以前沒有的　c. 前面的
____6. 捏了一把冷汗　a. 擔心死了　b. 太熱了　c. 生病了

二、造詞辨義

Use the following characters to make words or phrases which show the character's different meanings.

例如：請　情　請客　情形

1. 墟　虛
2. 邦　幫
3. 技　枝
4. 居　屆
5. 團　傳
6. 惜　借

三、改錯字（每題兩字）

Correct the wrong characters.

____1. 有些人在大會舉行其間，製造不少恐怖事件。

____2. 各國選手無不磨拳擦掌，希忘得到金牌。

____3. 在廢墟中發現了懊林匹克遺止。

____4. 會期上的五環象徵五大州。

____5. 這是二十一世記才成立的組識。

四、作文

Composition.

題目：運動的重要

第六課　休閒活動的新趨勢

一、生詞填空

Use the following new vocabulary to fill in the blanks.

缺少　逐漸　體驗　飢餓　無數　公益　有效　是否

1. 人在_____的時候，覺得什麼都好吃。
2. 你_____做過醫院的義工？
3. 暑假時，他到工廠去打工，_____一下工人的生活。
4. 王先生退休後，常常參加_____活動。
5. 他因頭痛而去看醫生，醫生開的藥很_____，吃了以後就不痛了。
6. 經過_____次的失敗，他終於成功了。
7. 他每天坐著工作，常吃過飯就睡覺，_____運動，所以身體不健康。
8. 這兩年地攤上的仿冒品_____減少了。

二、解釋下面詞句

Use Chinese to explain the meanings of the following words or phrases.

1. 疲勞
2. 公益
3. 勸導

4. 受惠
5. 地球村

三、問答

Answer the following questions.

1. 哪些活動是浪費的、對身體有害的？
2. 服務性的休閒活動能達到什麼目標？
3. 試寫出三個天災人禍的名稱。
4. 自然生態被破壞了以後，會有什麼不良後果？

四、作文

Composition.

題目：1. 我做義工的經驗
　　　2. 我對義工的看法

第七課　拒吸二手菸

一、選出同組中與他詞無關的詞

Select the item which is not close in meaning to other items in each question.

（　）1. a. 癌症　b. 肺氣腫　c. 氣管炎　d. 近視眼

（　）2. a. 增加知識　b. 消愁解悶　c. 提神醒腦　d. 招來靈感

（　）3. a. 汙染空氣　b. 增加煩惱　c. 引起火災　d. 造成疾病

（　）4. a. 制止　b. 嚴禁　c. 勸導　d. 鼓勵

（　）5. a. 二手貨　b. 二手車　c. 二流貨　d. 二手菸

（　）6. a. 反對　b. 贊成　c. 幫助　d. 贊助

二、配合相反詞

Connect the words with opposite meanings.

____1. 被迫　　　　　A. 寬鬆

____2. 汙濁　　　　　B. 工作

____3. 違規　　　　　C. 促成

____4. 嚴格　　　　　D. 降低

____5. 娛樂　　　　　E. 自願

____6. 吸入　　　　　F. 遵守

____7. 制止　　　　　G. 清淨

____8. 提高　　　　　H. 呼出

三、造句

Make sentences.

1. 日漸
2. 怨不得
3. 防止
4. 嚴格
5. 震驚
6. 被迫

四、作文

Composition.

題目：不吸菸的好處

第八課　單親家庭

一、生詞填空

Use the following new vocabulary to fill in the blanks.

離婚　　服刑　　印象　　克服　　打擊

重新　　成熟　　承受　　彌補　　輔導

1. 想奪得金牌的選手_____莫大的壓力。
2. 老師常常_____成績比較差的學生。
3. 找到第二春的人，仍能_____建立家庭。
4. 她受不了那次嚴重的_____，快要發瘋了。
5. _____十年了，再結婚不容易。
6. 他很有禮貌，給初次見面的人留下很好的_____。
7. 犯了罪的人，一定得_____。
8. 不_____的水果一定是酸的。
9. 做錯了事必須想法子_____。
10. 能_____困難的人，才能成功。

二、根據課文及提示回答

Use the words or phrases in the parenthesis to complete following simple dialogues in accodance to the information provided in the lesson.

例：甲：所謂單親家庭（是指……）
　　乙：是指夫妻因離婚……
1. 甲：單親家庭不是破碎家庭，（只要……）
　 乙：
2. 甲：離婚婦女若是家庭主婦，（可能因此……）
　 乙：
3. 甲：職業婦女雖有工作能力，（但因……）
　 乙：
4. 甲：單親家庭與其痛苦生活，（不如……）
　 乙：

三、解釋下列各詞

Use Chinese to explain the meanings of the following words or phrases.

1. 不婚生子
2. 喪偶
3. 職業婦女
4. 贍養費
5. 服刑

四、作文

Composition.

題目：我的家庭

第九課　青壯年的生活觀

一、選擇填空

Use the following phrases to fill in the blanks.

單身貴族　　知足常樂　　量入為出　　終身大事

各奔前程　　黃金時段　　不時之需　　男怕入錯行

1. 你每月都儲蓄一點錢，以備_____嗎？
2. 畢業後大家_____，很難見面了。
3. _____的人從來不向人借錢。
4. 晚飯後的_____節目越來越不好看了。
5. 結婚是一個人的_____。
6. 收入多而不要結婚的人是_____。
7. _____的人總是滿意他的生活，從來不抱怨。
8. 男人做不適合他的工作就是_____。

二、解釋下列各詞

Use Chinese to explain the meanings of the following words or phrases.

1. 擇偶
2. 跳槽
3. 深造

4. 婆媳

5. 貶值

三、閱讀練習（選出一句與原句意義相同的）

Reading practice(select the sentence with the most similar meaning).

____1. 不同的年紀，各有他們所操心的事物。

    a. 無論年紀大小，所面對的問題都一樣。

    b. 無論問題大小，各種年紀的人都會擔心。

    c. 剛踏入社會的人跟已在社會工作二十年的人面對的問題不同。

____2. 結婚可能會促成男女雙方個性的改變。

    a. 結婚後為了互相生活在一起，多少會改變一些自己的個性。

    b. 結婚後男人有男人的個性，女人有女人的個性。

    c. 結婚後男女雙方個性更難改變。

____3. 經驗的累積會不斷地增強信心。

    a. 越有經驗越沒有信心。

    b. 越有經驗越有信心。

    c. 經驗跟信心毫無關係。

四、作文

Composition.

題目：「我理想的結婚對象」或「我嚮往的婚後生活」。

第十課　人人都是環保尖兵

一、找相關的答案

Complete the sentences by choosing the best answers.

____1. 老舊汽車或工廠常常冒出　　　a. 二手菸
____2. 由化學工廠流入河川　　　　　b. 垃圾
____3. 有蟲害時要噴灑　　　　　　　c. 黑煙
____4. 不可隨意丟棄　　　　　　　　d. 廢水
____5. 現在裝飲料的多半是　　　　　e. 喇叭聲
____6. 菜場買菜帶回不少　　　　　　f. 廢紙
____7. 在冷氣間有人吞雲吐霧　　　　g. 除蟲劑
____8. 公共場所地上椅上常有　　　　h. 易開罐
____9. 塞車時的噪音　　　　　　　　i. 塑膠袋
____10. 可做成再生紙　　　　　　　　j. 口香糖

二、完成句子

Complete the following sentences with your own words.

1. 地球不再美麗了，_____。
2. 人類把這美麗的地球破壞到慘不忍睹的程度，
_____。
3. 日趨嚴重的情況不只是在地球表面上，_____。
4. 目前地球面臨最大的危機，_____。

5. 太陽最有威力的紫外線，＿＿＿＿＿＿＿＿＿＿＿＿＿。
6. 我們勸導人們愛惜物資，＿＿＿＿＿＿＿＿＿＿＿＿＿。

三、造句

Make sentences.

1. 清醒
2. 乾枯
3. 日趨
4. 以身作則
5. 烏煙瘴氣

四、作文

Composition.

題目：我平常如何做環保工作

第十一課　強化體質

一、選擇一句意思相同的
Select the sentence with the most similar meaning.

____1. 藥補不如食補。
    a. 吃藥比較好。
    b. 吃食物比較好。
    c. 多吃藥比多吃食物好。

____2. 父母一味姑息子女。
    a. 父母不管子女。
    b. 父母管子女很嚴。
    c. 父母愛子女的方法不好。

____3. 動不動就感冒了。
    a. 很容易感冒。
    b. 一運動就感冒。
    c. 很少感冒。

____4. 少吃不利於體質的食物。
    a. 對身體不好的食物不要吃太多。
    b. 少吃食物對體質有利。
    c. 身體不好的人不要多吃東西。

____5. 聽君一席話，勝讀十年書。
    a. 常跟朋友談話，少念書。

b. 聽朋友說了有意義的話,比念了十年書知道的還多。

c. 讀了十年書,才會講這樣的話。

二、查字典加注音並造句

Look up each of the following characters. Write down its pronunciation and then use it to make a sentence.

1. 偏
   遍
   騙
2. 咬
   較
   餃
3. 燥
   操
   澡
4. 抵
   底
   低

三、填空

Use the following words to fill in the blanks.

| 偏食 | 放縱 | 抵抗力 | 腸胃 |
| 含有 | 循環 | 仙丹 | 營養 |

1. 甜的水果＿＿＿＿很多糖分,別吃太多。
2. 小孩常有＿＿＿＿的習慣,母親得用心地去改正。

3. 他常常在外面亂吃東西，所以_____不好。
4. _____過多或不足，會使身體不健康。
5. 這個魚池的水是_____的，會不斷地流動。
6. 他常常生病，因為他的_____太弱。
7. 父母必須適度地管教小孩，不可_____。
8. 古代帝王想要永遠享受榮華富貴，所以常人去找長生不老的_____。

四、作文

Composition.

題目：運動對身體的影響

第十二課　談素食

一、成語填空

Write an appropriate proverb to express each of the following.

1. 假的東西跟真的分不出來是＿＿＿＿＿＿＿＿＿＿＿＿＿＿。
2. 看到美味的食品，口水都流出來是＿＿＿＿＿＿＿＿＿＿＿＿。
3. 形容街上人多車多，熱熱鬧鬧的是＿＿＿＿＿＿＿＿＿＿＿＿。
4. 去大吃大喝一頓，吃得很過癮是＿＿＿＿＿＿＿＿＿＿＿＿＿。
5. 形容一道菜又好看又香又好吃是＿＿＿＿＿＿＿＿＿＿＿＿＿。

二、為什麼他們吃素

Why they are vegitarian.

1. 有佛教信仰的人吃素，因為＿＿＿＿＿＿＿＿＿＿＿＿＿＿＿。
2. 有些病人吃素，因為＿＿＿＿＿＿＿＿＿＿＿＿＿＿＿＿＿＿。
3. 為了環境吃素，因為＿＿＿＿＿＿＿＿＿＿＿＿＿＿＿＿＿＿。
4. ＿＿＿＿＿＿＿＿的人吃素，因為＿＿＿＿＿＿＿＿＿＿＿＿。

三、問答

Answer the following questions.

（一）你看別人吃什麼會令你垂涎三尺？
　　1. 臺灣的
　　2. 日本的

3. 韓國的

4. 美國的

5. 德國的

6. 法國的

（二）你吃過什麼素菜或素的點心？

四、作文

Composition.

題目：素食的利弊

第十三課　電子字典

一、改錯字（每題兩字）

Correct the wrong characters(each sentence has two wrong characters).

_____1. 電子字典輕簿短小，又方便攜戴。

_____2. 部分人士對這種新形產品採保留熊度。

_____3. 市場競爭使產品不斷地堆陳出新。

_____4. 有的字典還包括了時差、貨弊、度量衡和陰陽歷的換算功能。

_____5. 目前電子字典並未威協到傳統字典的市場。

二、問答

Answer the following questions.

1. 電子字典反應靈敏，帶來了<u>新鮮感</u>。
   什麼事物讓你覺得有<u>新鮮感</u>？
2. 電子字典帶起學習外語的<u>熱潮</u>。
   你認為現在社會中有什麼<u>熱潮</u>？
3. 電子字典由於內容過於簡化，對學英文的人有<u>誤導的危險</u>。
   你遇到過什麼事對你有<u>誤導的危險</u>？

4. 螢幕不能無限放大，長久使用會造成眼睛疲勞的困擾。
   你以前使用過什麼造成你的困擾？

三、填空

Use the following words or phrases to fill in the blanks.

推陳出新　時差　螢幕　　多元化

反義字　　靈敏　輕薄短小　一機多用

1. 高和矮，胖和瘦，窮和富，都是_____。
2. 現在的手機可打電話，可聽歌又可照像等，真是_____。
3. 電影有銀幕，電視、電腦有_____。
4. 臺灣和美國東部的_____是多少小時？
5. 現代的教育是_____的，除了讀書寫字以外，還要學很多東西。
6. 電腦產品要不斷地_____，才賣得好。
7. _____的東西，旅行時容易攜帶。
8. 有些植物，只要用手指碰它的葉子一下，葉子馬上合起來，反應真_____。

四、作文

Composition.

題目：我的第一本字典

第十四課　消費市場的新客

一、代換

Substitution.

1. <u>成人為主的消費市場</u>漸趨飽和。
   _____漸趨飽和。
   _____漸趨飽和。

2. <u>「有錢有閒」的人</u>有消費潛力。
   _____有消費潛力。
   _____有消費潛力。

3. 隨著<u>父母的薪水年年增加</u>，<u>青少年的零用金</u>也相對地<u>增加了</u>。
   隨著_____，_____也相對地____。
   隨著_____，_____也相對地____。

4. 這些行業因<u>青少年的到來</u>而生意興隆。
   這些行業因_____而生意興隆。
   這些行業因_____而生意興隆。

二、生詞填空

Use the following new vocabulary to fill in the blanks.

潛力　導致　飽和　指名　可觀　流連

1. 青少年每年花在娛樂場所的費用相當_____。

2. 由於電腦的使用越來越普遍，有些人擔心市場會漸趨_____。

3. 現在的大型書店圖書豐富，又提供座位，是愛書人喜歡_____的地方。

4. 商店為了惡性競爭，一再降價，_____生意難做。

5. 他的投球技巧還不成熟，但是看得出來具有_____。

6. 大導演竟然_____要一個小明星來主演新電影。

三、問答

Answer the following questions.

你最喜歡的漫畫人物是什麼？為什麼你喜歡它？

四、作文

Composition.

題目：我的消費習慣

第十五課　新潮與保守

一、配合題（把同類的放在一起）

Match the characteristics which best describe people in each category.

1. 新潮的人
2. 保守的人

   a. 具鄉土意識
   b. 拼命花錢，追求流行
   c. 常向銀行貸款
   d. 買新式衣服
   e. 喜歡維持現狀
   f. 交各種不同的朋友
   g. 較具憂患意識
   h. 有狂想或野心
   i. 增加存款數字
   j. 過於實際

二、成語填空

Write an appropriate proverb to express each of the following.

1. 安於所處的任何環境是＿＿＿＿＿＿＿＿＿＿＿＿＿＿。
2. 無固定的工作或住所是＿＿＿＿＿＿＿＿＿＿＿＿＿＿。
3. 年紀雖輕，卻穩重懂事是＿＿＿＿＿＿＿＿＿＿＿＿＿＿。

4. 雖不捨得，還是把自己喜歡的東西賣給或送給別人是 _____。

5. 不改變已有的一切是 _____。

6. 因擔心而坐立不安是 _____。

三、分辨（每個詞造一個句子）

Each of these word combinations has one character which changes meaning and tone. Write the pronunciation of each of these words and then use it in the sentence.

1. 新潮
   潮流
2. 保守
   保持
3. 尖端
   極端
4. 調職
   離職
5. 升遷
   遷移

四、作文

Composition.

題目：我是新潮還是保守

第十六課　李天祿的掌中戲和茶藝

一、代換

Substitution.

1. 李天祿從十四歲起就和掌中戲結緣。
   他從十歲起就和畫畫結緣。
   ＿＿＿＿＿＿從＿＿＿＿＿＿歲起就和＿＿＿＿＿＿結緣。

2. 晚倒茶給客人成為一種尊重，先倒茶給自己則象徵謙遜。
   請客人坐上座成為一種尊重，自己坐在旁邊則象徵謙遜。
   ＿＿＿＿＿＿＿＿成為一種尊重，＿＿＿＿＿＿＿＿則象徵謙遜。

3. 茶的種類繁多，李天祿最中意的是武夷茶。
   水果的種類繁多，我最中意的是蘋果。
   ＿＿＿＿＿＿的種類繁多，＿＿＿＿＿＿最中意的是＿＿＿＿＿＿。

4. 喝茶對他來說不是雅事，而是生活裡必不可缺的事。
   唱歌對歌星來說不是雅事，而是表演時必不可缺的事。
   ＿＿＿＿＿＿對＿＿＿＿＿＿來說不是＿＿＿＿＿＿事，而是＿＿＿＿＿＿必不可缺的事。

二、填空

Use the following phrases to fill in the blanks.

人情世事　　栩栩如生　　回味無窮　　入口即化

雕樑畫棟　　悲歡離合　　兩頰生津　　大江南北

1. 好看的影片，看過以後真是＿＿＿＿＿＿。
2. 住在＿＿＿＿＿＿的屋子裡，好像住在皇宮一樣。
3. 小孩兒跟老人都喜歡吃＿＿＿＿＿＿的食品。
4. 不懂＿＿＿＿＿＿的年輕人常做出不合禮數的事。
5. 捏麵人做的陸羽看起來＿＿＿＿＿＿。
6. 他喜歡旅行，＿＿＿＿＿＿各地他都去過。
7. 戲劇中總是一些＿＿＿＿＿＿的故事。
8. 好吃的水果，吃完以後總覺得＿＿＿＿＿＿呢！

三、問答

Answer the following questions.

1. 貴國也有跟掌中戲類似的戲劇嗎？是怎麼表演的？

2. 你怎麼喝茶？對你來說，喝茶的感覺如何？

四、作文

Composition.

題目：掌中戲故事

第十七課　十二生肖

一、選相反詞

Choose the word or phrase with the opposite meaning.

_____1. 落選　a. 選舉　b. 當選　c. 選擇

_____2. 機警　a. 警告　b. 遲鈍　c. 機智

_____3. 悠閒　a. 忙碌　b. 悠悠　c. 幫忙

_____4. 溫和　a. 和氣　b. 溫柔　c. 暴躁

_____5. 正直　a. 邪惡　b. 爽快　c. 歪斜

_____6. 清清楚楚　a. 含含糊糊　b. 正正當當　c. 乾乾淨淨

二、加字造詞並造句

Differentiate the following characters by using them in a word or phrase, then use the word or phrase to make a sentence.

例如：雪　下雪　這裡的冬天不下雪。
　　　雲　白雲　天上的白雲飄忽不定。

1. 性
   姓
2. 佔
   戰
3. 題
   提

4. 例
   列
5. 捧
   棒
6. 懶
   賴

三、說出下列各種動物的特點

Describe the good points of each animal below.

1. 牛
2. 馬
3. 羊
4. 猴
5. 雞
6. 狗
7. 豬
8. 兔

四、作文

Composition.

題目：生肖與星座

第十八課　我寫「乾」你寫「干」

一、代換（詞義不一定相同）
Substitution(the meaning may not necessarily be the same).

例如：極易辨認
　　　極易<u>了解</u>

1. 具有藝術價值
   具有＿＿價值
2. 龍飛鳳舞
   ＿＿飛＿＿舞
3. 一筆不苟
   一＿＿不＿＿
4. 令人覺得有商榷的必要
   令人覺得有＿＿的必要

二、將簡化字改為正體字
Write the complex character which each of the following simplified characters represents.

例如：门　門

1. 会
2. 对
3. 难
11. 卫
12. 义
13. 笔

4. 华
5. 桥
6. 远
7. 进
8. 乡
9. 画
10. 双
14. 泪
15. 习
16. 妇
17. 认
18. 识
19. 从
20. 父亲节

三、問答

Answer the following questions.

1. 甲骨文是刻在什麼上面的文字？

2. 為什麼中國文字具有藝術價值？

3. 正體字與簡化字的問題容易解決嗎？為什麼？

四、作文

Composition.

題目：我對正體字和簡化字的看法

第十九課　人滿為患

一、找相關的答案

Complete the sentences by choosing the most accurate response.

a. 節育　b. 饑荒　c. 閃亮　d. 依賴　e. 外匯　f. 人滿為患

____1. 他三十多歲了，生活還不能獨立。
____2. 她戴著一個大鑽戒參加酒會。
____3. 有些人生了兩個小孩後就不再生了。
____4. 很久不下雨的地方太乾燥，種的東西都死了。
____5. 每個國家都會管制，但有的國家寬，有的國家嚴。
____6. 人太多，交通、居住、教育、福利等都有困難。

二、加字造詞（每題造兩個詞）

Add a character to create a word or phrase(For each character create two phrases).

例如：　　說：說話、小說

1. 球
2. 數
3. 類
4. 誕
5. 料
6. 驚

7. 預
8. 壓
9. 持
10. 節

三、問答

Answer the following questions.

1. 你認為控制人口的成長最好用什麼方法？
2. 學歷高的人生的孩子都比較聰明嗎？為什麼？
3. 已開發國家、開發中國家、未開發地區有什麼不同？
4. 你的國家怎樣照顧老年人？

四、作文

Composition.

題目：談人口問題

第二十課　救濟與自立

一、另造一語

Create a new phrase.

例如：天南地北
　　　天高地厚

1. 自給自足
   自＿＿＿自＿＿＿
2. 互助互惠
   互＿＿＿互＿＿＿
3. 有恃無恐
   有＿＿＿無＿＿＿
4. 以工代賑
   以＿＿＿代＿＿＿

二、問答

Answer the following questions.

1. 福利權力的擴張，帶來了什麼樣的後遺症？

2. 脫離貧窮的方法有哪些？

3. 貴國的福利政策如何？能令人滿意嗎？

4. 你理想中的社會如何？

三、選相似詞

Choose the word or phrase with the same meaning.

1. 而已：_____ a. 罷了　b. 而且　c. 已經
2. 採取：_____ a. 採集　b. 採摘　c. 採用
3. 脫離：_____ a. 離開　b. 脫衣　c. 脫逃
4. 途徑：_____ a. 直徑　b. 路線　c. 用途

四、作文

Composition.

題目：談遊民問題

國家圖書館出版品預行編目資料

新版實用視聽華語學生作業簿/國立臺灣師範大學主編. - 二版. -
臺北縣新店市： 正中, 2008.2
　冊；19x26公分

ISBN 978-957-09-1798-7（第1冊：平裝）
ISBN 978-957-09-1799-4（第2冊：平裝）
ISBN 978-957-09-1800-7（第3冊：平裝）
ISBN 978-957-09-1801-4（第4冊：平裝）
ISBN 978-957-09-1802-1（第5冊：平裝）

1. 漢語　2. 讀本

新版《實用視聽華語》學生作業簿（五）

主　編　者◎國立臺灣師範大學
編輯委員◎張仲敏・陳瑩漣・韓英華・錢進明
召　集　人◎葉德明
著作財產權人◎教育部
地　　　址◎(100)臺北市中正區中山南路5號
電　　　話◎(02)7736-7990
傳　　　真◎(02)3343-7994
網　　　址◎http://www.edu.tw

發　行　人◎蔡繼興
出版發行◎正中書局股份有限公司
地　　　址◎新北市(231)新店區復興路43號4樓
電　　　話◎(02)8667-6565
傳　　　真◎(02)2218-5172
郵政劃撥◎0009914-5
網　　　址◎http://www.ccbc.com.tw
　　　　　E-mail：service@ccbc.com.tw
門　市　部◎新北市(231)新店區復興路43號4樓
電　　　話◎(02)8667-6565
傳　　　真◎(02)2218-5172

香港分公司◎集成圖書有限公司－香港皇后大道中
　　　　　283號聯威商業中心8字樓C室
TEL：(852)23886172-3・FAX：(852)23886174
美國辦事處◎中華書局－135-29 Roosevelt Ave.
　　　　　Flushing, NY 11354 U.S.A.
TEL：(718)3533580・FAX：(718)3533489
日本總經銷◎光儒堂－東京都千代田區神田神保町
　　　　　一丁目五六番地
TEL：(03)32914344・FAX：(03)32914345

政府出版品展售處
教育部員工消費合作社
地　　　址◎(100)臺北市中正區中山南路5號
電　　　話◎(02)23566054
五南文化廣場
地　　　址◎(400)臺中市中山路6號
電　　　話◎(04)22260330#20、21

國立教育資料館
地　　　址◎(106)臺北市大安區和平東路1段181號
電　　　話◎(02)23519090#125

行政院新聞局局版臺業字第0199號(10589)
出版日期◎西元2008年2月二版一刷
　　　　　西元2012年8月二版三刷
ISBN　978-957-09-1802-1
定價／**65**元
著作人：張仲敏・陳瑩漣・韓英華・錢進明
◎本書保留所有權利
　如欲利用本書全部或部分內容者，須徵求著作財產權人同意或書面授權，請逕洽教育部。
版權所有・翻印必究 Printed in Taiwan

分類號碼◎802.00.085

GPN 1009700071

著作財產權人：教育部